BEI GRIN MACHT SICH IHR WISSEN BEZAHLT

- Wir veröffentlichen Ihre Hausarbeit,
  Bachelor- und Masterarbeit

- Ihr eigenes eBook und Buch -
  weltweit in allen wichtigen Shops

- Verdienen Sie an jedem Verkauf

Jetzt bei www.GRIN.com hochladen
und kostenlos publizieren

Bibliografische Information der Deutschen Nationalbibliothek:

Die Deutsche Bibliothek verzeichnet diese Publikation in der Deutschen National-
bibliografie; detaillierte bibliografische Daten sind im Internet über http://dnb.d-
nb.de/ abrufbar.

Impressum:

Copyright © 2016 GRIN Verlag, Open Publishing GmbH
Druck und Bindung: Books on Demand GmbH, Norderstedt Germany
ISBN: 9783668416093

Dieses Buch bei GRIN:

http://www.grin.com/de/e-book/355632/industrie-4-0-chancen-fuer-den-bereich-
service-tkd-im-maschinen-und

Sven Siedhoff

Industrie 4.0. Chancen für den Bereich Service & TKD im Maschinen- und Anlagenbau

GRIN Verlag

GRIN - Your knowledge has value

Der GRIN Verlag publiziert seit 1998 wissenschaftliche Arbeiten von Studenten, Hochschullehrern und anderen Akademikern als eBook und gedrucktes Buch. Die Verlagswebsite www.grin.com ist die ideale Plattform zur Veröffentlichung von Hausarbeiten, Abschlussarbeiten, wissenschaftlichen Aufsätzen, Dissertationen und Fachbüchern.

Besuchen Sie uns im Internet:

http://www.grin.com/

http://www.facebook.com/grincom

http://www.twitter.com/grin_com

Bachelorthesis

an der

Technischen Akademie Wuppertal e.V.
- Studienzentrum -

in Kooperation mit der

Fachhochschule Südwestfalen

Studiengang: **Anschlussstudiengang zum Bachelor of Arts (B.A.)**

Thema: Industrie 4.0 – Chancen für den Bereich Service / technischer Kundendienst im Maschinen- und Anlagenbau

Name, Vorname: Siedhoff, Sven

Beginn der Bearbeitungszeit: 05.09.2016

Abgabetermin: 18.11.2016

Inhaltsverzeichnis

Abbildungsverzeichnis

Tabellenverzeichnis

Abkürzungsverzeichnis

acatech	- Deutsche Akademie der Technikwissenschaften e.V.
AG	- Aktiengesellschaft
Bitkom	- Bundesverband Informationswirtschaft, Telekommunikation und neue Medien e.V.
BMBF	- Bundesministerium für Bildung und Forschung
BMWi	- Bundesministerium für Wirtschaft
CBM	- Condition Based Maintenance
CMS	- Condition Monitoring System
CPS	- Cyber-physischen System
CPPS	- Cyber-physische Produktionssysteme
HMI	- Human Machine Interface
IT	- Informationstechnologie
IoT	- Internet of Things / Internet der Dinge
IPv6	- Internet Protokoll Version 6
NFC	- Near Field Communication
OEE	- Gesamtanlageneffektivität / Overall Equipment Effectiveness
PPS	- Produktionsplanungs- und Steuerungssystem
PwC	- PricewaterhouseCoopers
RCM	- Reliability Centered Maintenance
RFID	- Radio-frequency Identification
SPS	- Speicherprogrammierbare Steuerungen
TKD	- Technischer Kundendienst
TPM	- Total Productive Maintenance
VDMA	- Verband Deutscher Maschinen- und Anlagenbauer e.V.
ZVEI	- Zentralverband Elektrotechnik- und Elektroindustrie e.V.

1. Einleitung

Dank moderner und neuer Techniken ergeben sich immer mehr Möglichkeiten für jeden Einzelnen von uns. Früher war der PC zu Hause noch ein klobiger Klotz, heute hat fast jeder von uns ein Smartphone in der Tasche, welches eine weitaus höhere Rechenleistung aufweist. Dank dieser Technik lassen sich immer neue Produkte und Dienstleistungen realisieren. Diese Entwicklung macht auch vor der Industrie nicht Halt, sondern ganz im Gegenteil verschmelzen die Prozesse immer mehr mit einander. Heute können wir bereits über das Internet den genauen Standpunkt einer versandten Lieferung verfolgen, vielleicht kann man in Zukunft sogar schon das Produkt während seiner Entstehung in der Fabrik verfolgen.

Ich möchte in dieser Arbeit zuerst die Entwicklung der Industrie aufzeigen und die einzelnen Stationen der industriellen Revolutionen näher erklären. Anschließend erkläre ich den Begriff Industrie 4.0 und stelle die wichtigsten Techniken, welche für die Umsetzung von Industrie 4.0 erforderlich sind, vor.

Da Industrie 4.0 nicht nur die Prozesse in der Entwicklung, Fertigung etc. verändern wird, sondern auch einen großen Einfluss auf den Bereich Service / TKD haben wird. Beschreibe ich zuerst die klassischen Dienstleistungen im Service / TKD anhand von zwei Instandhaltungstechniken. Im Anschluss daran gebe ich einen Einblick in den sogenannten Smarten Service. Anhand einiger ausgewählten Möglichkeiten stelle ich das mögliche Potenzial vor.

Mithilfe einer Nutzwertanalyse vergleiche ich die vorgestellten Möglichkeiten und gebe eine Handlungsempfehlung für Maschinen und Anlagenbauer.

In dieser Arbeit gehe ich nicht auf die Themen Datenschutz und Sicherheit ein, da dieses den Umfang der Arbeit bei weitem überstiegen hätte.

2. Geschichte der Industrialisierung

Die Industrie entwickelt sich dank moderner Techniken immer weiter. Vor diesem Hintergrund stelle ich zuerst die historische Entwicklung der Industrialisierung dar, um anschließend den Begriff Industrie 4.0 näher zu erläutern.

Mit Hilfe der folgenden Abb. 1 werden die einzelnen Entwicklungsschritte der industriellen Revolutionen bis hin zur Industrie 4.0 visualisiert und im weiteren Verlauf detaillierter beschrieben.

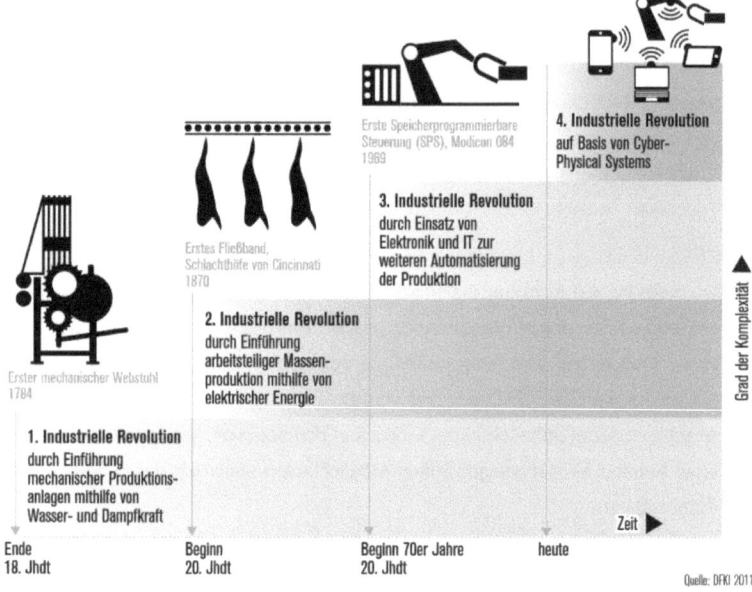

Abb. 1: Entwicklung der industriellen Revolutionen[1]

2.1 Die erste industrielle Revolution

Unter der ersten industriellen Revolution versteht man den Umbruch der vorindustriellen, traditionellen Wirtschaft hin zur modernen Industrie. In Großbritannien vollzog sich dieser Wandel in der zweiten Hälfte des 18. Jahrhunderts und breitete sich von dort in immer mehr Länder aus.[2] Man spricht auch von der „Mechanisierung und Automatisierung menschlicher

---

[1] Quelle: al., 2013 , S. 17.
[2] Vgl. Hahn, 1998 , S. 1.

Arbeit"[3], welche bedingt durch Erfindungen, wie die der Dampfmaschine im Jahre 1712 von Thomas Newcomen[4] und der des automatischen Webstuhls von James Hargreaves 1764 vorangetrieben wurden.[5]

Mitte des 19. Jahrhunderts wurden in Deutschland ungefähr 10.000 Dampfmaschinen betrieben um Maschinen, Eisenbahn und Schiffe anzutreiben. Dank dieser Technik wurde die menschliche Produktivität immens gesteigert und der Warentransport durch Eisenbahn und Dampfschiffe revolutioniert. Des Weiteren nahm die Kommunikation zu, da nun Papier schneller hergestellt und dank neuer Drucktechniken massenhaft verarbeitet werden konnten. Die damit einfachere Art der Kommunikation und neue Techniken waren die Grundlage für die moderne Industriegesellschaft.[6]

2.2 Die zweite industrielle Revolution

Anfang des 20. Jahrhunderts wird der Beginn der zweiten industriellen Revolution dank der Entdeckungen des Erdöls, der Elektrizität, des Verbrennungsmotors und des Telefons als schnelles Kommunikationsmittel eingeläutet. Durch die Einführung der Massenfertigung am Fließband konnte die Produktivität erneut um ein Vielfaches gesteigert werden, was zur Folge hatte, dass viele Produkte kostengünstiger hergestellt und einer breiten Massen zum Kauf angeboten werden konnten.[7]

Ford mit seinem Modell T ist ein gutes Beispiel für die neuen Fertigungsmethoden am Fließband (s. Abb. 2).

---

[3] Drath, 2015 , S. 18.
[4] Vgl. Sendler, 2016 , S. 4.
[5] Vgl. Hahn, 1998 , S.3.
[6] Vgl. Sendler, 2016 , S. 4-5.
[7] Vgl. Sendler, 2016 , S. 5.

Abb. 2: Fließband Ford[8]

2.3 Die dritte industrielle Revolution

Anfang der 70er Jahre setzte die dritte industrielle Revolution ein. Der Computer in Form von SPS hielt Einzug in den Maschinen- und Anlagenbau. Dies hatte zur Folge, dass der Automatisierungsgrad rapide anstieg und dank dem Einsatz von Roboter konnten einzelne Arbeitsschritte vollautomatisch erledigt werden.[9] Die nachfolgende Abb. 3 zeigt eine mit Robotern ausgestattete Fertigungslinie bei VW.

Abb. 3: Fertigungslinie VW Golf 2[10]

Die Entwicklung welche mit der dritten industriellen Revolution umgesetzt wurden, sieht heute man noch heute in fast allen Industriebetrieben. Leitsystem steuern Maschinen und Anlagen von oben herab. Sprich Eingaben

---

[8] Quelle: SRF, 2016
[9] Vgl. Sendler, 2016 , S. 5.
[10] Quelle: VW, 2016

in das Leitsystem werden durch die Automatisierungspyramide nach unten weitergereicht, wo sind schließlich umgesetzt werden.[11]

---

[11] Vgl. Drath, 2015 , S. 18-19.

3. Industrie 4.0

In diesem Abschnitt wird erst die Entstehung von Industrie 4.0 aufgezeigt und was man darunter versteht. Im Anschluss daran werden wichtige Begriffe im Zusammenhang mit Industrie 4.0 näher beschrieben.

3.1 Was versteht man unter Industrie 4.0

Der Begriff Industrie 4.0 wurde erstmalig auf Hannover Messe 2011 vorgestellt, es wird auch von der vierten industriellen Revolution gesprochen.[12] Es handelt sich hierbei um eine Zukunftsvision, welche durch den Einsatz moderner Techniken die Industrie mit der Internet-Technologie verknüpfen soll.[13]

Im Kern sollen durch Industrie 4.0 alle Systeme, Akteure, Maschinen, Anlagen und Prozesse etc. einer Wertschöpfungskette miteinander vernetzt werden und relevante Daten in Echtzeit erfasst bzw. untereinander ausgetauscht werden. Der Fokus liegt dabei auf den folgenden Dimensionen:

- durchgängiges Entwickeln über Wertschöpfungsketten hinaus,
- vertikale Integration der Automatisierung,
- horizontale Integration in Wertschöpfungsnetzwerke.

Durchgängige Entwicklung soll in Zukunft die Produktentstehung vereinfachen und beschleunigen. Alle am Entwicklungsprozess beteiligten Instanzen, vom Konstrukteur, Produktdesigner, Vertrieb, Marketing usw., sollen zu jeder Zeit auf die gleichen Informationen zugreifen können. Dank dieser Vernetzung soll es zu einer Effizienzsteigerung in der Entwicklung kommen, wodurch z.B. Probleme während der Entwicklung frühzeitig erkannt oder gar vermieden werden.[14]

Durch die vertikale Integration innerhalb der Automatisierung soll die Kommunikation unterschiedlichen Hierarchieebenen wie die Sensoren, Aktoren, Steuerungs- und Leitsysteme, sowie die Planungsebene verbessert werden. Hiervon verspricht man sich die Selbstoptimierung innerhalb der Produktion, was im Zeitalter von immer flexibleren und komplexeren Produktionsabläufen erforderlich wird. Früher wurden nötige Arbeitsschritte lange im Vorfeld geplant und festgelegt, in Zukunft sollen die Produktionssysteme

---

[12] Vgl. Köhler, Six, & Michels, 2015 , S. 17.
[13] Vgl. Drath, 2015 , S. 18.
[14] Vgl. Köhler, Six, & Michels, 2015 , S. 20.

selbstständig auf die veränderten Produktspezifikationen reagieren und diese vollautomatisch umsetzen.[15]

Mit Hilfe der horizontalen Integration sollen Systeme und Akteure der Wertschöpfungskette miteinander besser vernetzt werden. Ziel ist es, dass relevante Daten, welche durch die vertikale Integration der Automatisierung erfasst wurden, zeitnah ausgetauscht werden, um so Prozesse zu optimieren.[16] Ein Beispiel hierfür wäre z.b. ein schwerer Maschinenausfall in der Produktion, welcher zur Folge hat, dass weniger Rohstoffe benötigt werden. Diese Information gelangt automatisch zum Lieferant und Logistikdienstleister, welche in Folge daraus ihre Kapazitäten anpassen.

Die nachfolgende Abb. 4 zeigt so eine Vernetzung innerhalb von Industrie 4.0.

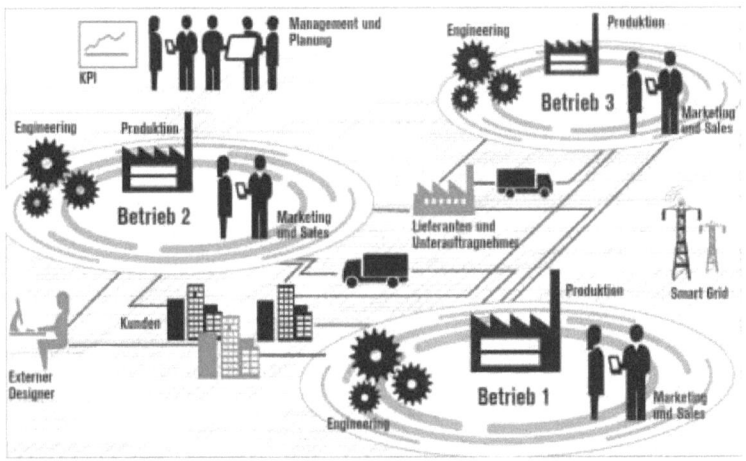

Abb. 4: Vernetzung innerhalb Industrie 4.0[17]

Um diese Zukunftsvision umzusetzen, gehört der Bund mit zwei seiner Ministerien, dem BMBF und dem BMWi zu den Initiatoren und Förderern von Industrie 4.0 und wurde konzeptionell von der acatech beraten. Das Ziel besteht darin, den Industriestandort Deutschland wettbewerbsfähiger zu machen und zu einem Innovationsführer nicht nur in Europa, sondern in der ganzen Welt aufzusteigen zu lassen. Dadurch soll aus volkswirtschaftlicher

[15] Vgl. Köhler, Six, & Michels, 2015 , S. 20.
[16] Vgl. Köhler, Six, & Michels, 2015 , S. 19 20.
[17] Quelle: al., 2013 , S. 26.

Sicht die Anzahl der Arbeitsplätze und der Wohlstand erhalten bzw. gesteigert werden.[18]

Ebenso haben sich die VDMA, ZVEI und Bitkom zu dem gemeinsamen Lenkungskreis Plattform Industrie 4.0 zusammengeschlossen, um eben diese Vision voranzutreiben.[19] Aktuell unterstützen über 250 Akteure aus 159 Organisationen die Plattform in diversen Arbeitsgruppen.[20] Mit Hilfe der entstandenen Plattform werden Projekte, Aktivitäten und Initiativen gesteuert und sie dient den Medien, der Politik, der Wirtschaft und der Industrie als Ansprechpartner.[21]

3.2 Chancen für die deutsche Industrie

Laut einer Studie von PwC aus dem Jahre 2014, wird Industrie 4.0 eine große Bedeutung für deutsche Industrieunternehmen haben. Im Auftrag der Studie wurden 235 deutsche Industrieunternehmen befragt. Nachfolgend einige Kernaussagen:

- Industrie 4.0 transformiert das gesamte Unternehmen.
- Bis 2020 investieren dt. Industrieunternehmen jährlich 40 Mrd. € in Industrie 4.0 Anwendungen.
- 80% der Unternehmen werden in fünf Jahren ihre Wertschöpfungskette digitalisiert haben.
- 18% Effizienzsteigerung in fünf Jahren.
- Digitalisierung des Produkt- und Serviceportfolios ist der Schlüssel zum Unternehmenserfolg.
- Zusätzlich werden 30 Mrd. € pro Jahr durch digitalisierte Produkte und Services erwirtschaftet.[22]

Die Studie verdeutlich mit Nachdruck wie wichtig Industrie 4.0 in den nächsten Jahren wird.

3.3 Technische Voraussetzungen

Nur mit Hilfe moderner Techniken und Systeme lässt sich Industrie 4.0 umsetzen, nachfolgend werden die wichtigsten erläutert.

---

[18] Vgl. Köhler, Six, & Michels, 2015 , S. 23-24.
[19] Vgl. Drath, 2015 , S. 18.
[20] Vgl. 4.0, 2016 , S. 22.
[21] Vgl. Köhler, Six, & Michels, 2015 , S. 23.
[22] Vgl. PricewaterhouseCoopers AG, 2014

3.3.1   IoT - Internet der Dinge

Dank des weltweiten Standards IPv6 und der Verbreitung von preiswerten und mobilen Internetzugängen kann jedes Ding, sprich Gerät vom PC über den Kühlschrank bis hin zum Auto mit einer Internetadresse ausgestattet werden, umso Teil des IoT zu werden.[23]

Die mit dem Internet verbundenen Geräte sind durch moderne Techniken, Sensoren und Software in der Lage selbständig Information über ihren Zustand zu erfassen und per Internet auszutauschen. So kann heutzutage eine moderne Waschmaschine ihrem Besitzer per Smartphone mitteilen, dass die Wäsche entnommen werden kann ober aber Waschmittel aufgefüllt werden muss, welches dieser dann im gleichen Zuge per Internet bestellen könnte. Nicht nur Informationen können ausgetauscht werden, sondern auch Anweisungen an die Geräte. Ein Beispiel wäre das aus der Ferne starten des Staubsaugerroboters, welcher dann in Abwesenheit selbstständig die Wohnung reinigt. Darüber hinaus ergeben sich noch unzählige weitere Szenarien wie auch die Interaktion einzelner Geräte über das IoT. Ein gutes Beispiel wäre z.b. der smarte Stromzähler, welcher energieintensive Geräte automatisch startet, wenn gerade der Strom günstiger angeboten wird.[24]

Die nachstehende Abb. 5 zeigt, dass immer mehr Geräte mit dem Internet verbunden werden. Dadurch steigt auch in Zukunft die Nachfrage nach immer neuen Geschäftsmodellen im Zusammenhang mit IoT.[25]

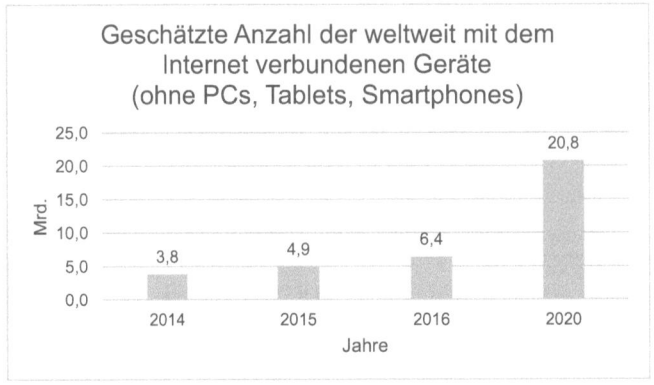

Abb. 5: Anzahl der weltweiten Geräte im IoT[26]

---

[23] Vgl. Anderl, Anokhin, & Arndt, 2016 , S. 123.
[24] Vgl. Kenn, 2015 , S. 30-35.
[25] Vgl. Kenn, 2015 , S.35.

Auch das Erfassen von Daten ist ein wichtiger Bestandteil vom IoT. Produkte und Dienste lassen sich anhand der erhobenen Daten optimieren und Optimierungen können durch Softwareupdates in die Geräte eingespielt werden, ohne dass diese umständlich zum Serviceanbieter gebracht werden müssen.[27]

3.3.2 Cyber-physische Systeme

Erst durch den Einsatz von CPS lässt sich Industrie 4.0 umsetzen. Hierzu werden moderne Techniken miteinander kombiniert. Dank der Entwicklung immer kleiner leistungsfähiger und kostengünstiger Computer können diese nun vermehrt eingesetzt werden. Diese Computer lassen sich mit neuartigen Sensoren und Aktoren verknüpfen. Diese eingebetteten Systeme lassen sich heute problemlos in Maschinen, Fernseher, Kraftfahrzeuge usw. verbauen. Werden diese eingebetteten Systeme wiederum mit dem unter 3.3.1 beschriebenen IoT verbunden, spricht man von CPS. Man verbindet quasi die physische mit der virtuellen Welt. Ein CPS kann aufgrund seiner Sensoren auf Einflüsse von außen reagieren und falls erforderlich über die Aktoren reagieren bzw. in Echtzeit den Menschen oder andere CPS informieren.[28]

Der Hauptnutzen von CPS besteht darin die Systeme mit einer nötigen Intelligenz auszustatten, damit diese selbständig anhand von Informationen Entscheidungen treffen und falls erforderlich die passenden Aktionen ausführen. So könnte z.B. ein CPS dank eines Sensors feststellen, dass Verbrauchsmateriealien zu Neige gehen und aufgefüllt werden müssen. Selbständig würde es die fehlenden Materialien anfordern. Nimmt man nun noch an, dass diese CPS wie unter Abb. 6 dargestellt im Verbund arbeiten, so kann man darüber hinaus noch von weitere Interaktionen ausgehen, wie z.B.:

- selbstständiges Verlagern der Produktion auf Ersatzmaschinen,
- Anpassen der gesamten Produktionsabläufe aufgrund der reduzierten Kapazität;
- automatisches Optimieren von Prozessschritten.[29]

---

[26] Eigene Darstellung – Quelle: van der Meulen, 2015
[27] Vgl. Kenn, 2015 , S. 30-31.
[28] Vgl. Lüth, 2015 , S. 25 – 26.
[29] Vgl. Amberg, 2015 , S. 46–48.

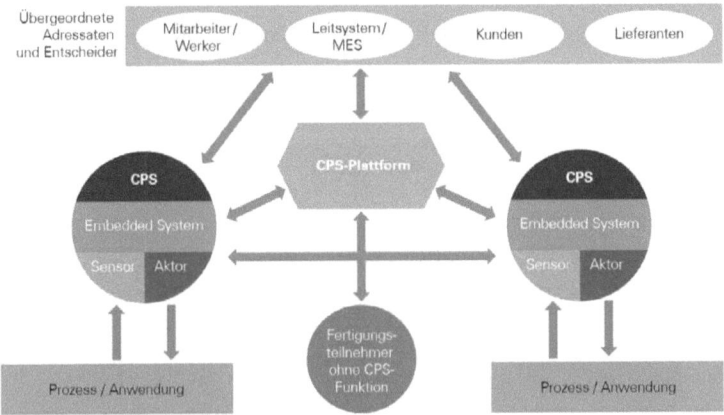

Abb. 6: CPS-Plattformen[30]

Benutzt man CPS im Zusammenhang mit der Produktion, spricht man auch von CPPS. Hiermit können komplette Produktionsanlagen aber auch einzelne Maschinen und Anlagen bezeichnet werden, welche einen direkten Bezug zur Produktion haben.

Abschließend kann man sagen, das sich durch den Einsatz von CPS viele neue Möglichkeiten realisieren lassen und sich dadurch enorme Vorteile für die verschiedensten Bereiche wie z.b. Fertigung, Service etc. ergeben.[31]

3.3.3 Smart Factory

In Zukunft soll in sogenannten Smart Factories, den Fabriken von morgen produziert werden. Hierbei setzt man auf moderne Techniken und eine leistungsstarke IT.

Heute sind die meisten Fabriken noch durch starre Prozesse, sowie eine fixe Anordnung der Maschinen geprägt und es ist sehr aufwendig auf veränderte Rahmenbedingungen wie z.B. Absatz oder Produktveränderungen einzugehen. In der Regel sind solche Fabriken auf den maximalen Durchsatz eines ähnlichen Produktes ausgelegt.[32]

In Zukunft ist die Fabrik mit Maschinen und Anlagen ausgestattet, welche dank CPS intelligent sind. Es gibt keine starren Prozesse und Verfahren mehr und das Produkt, welches dank RFID Technologie über ein digitales

---

[30] Quelle: Amberg, 2015 , S. 48.
[31] Vgl. Köhler, Six, & Michels, 2015 , S. 21.
[32] Vgl. Soder, 2014 , S. 101-102.

Gedächtnis verfügt, trägt alle für die Fertigung erforderlich Information mit sich. Die einzelnen CPS erkennen dank RFID Lesegeräten den Standort des Produkts und entscheiden so selbstständig welche Arbeitsschritte als nächstes erforderlich sind.[33] In der nachfolgenden Abb. 7 ist so eine smarte Fabrik schematisch dargestellt.

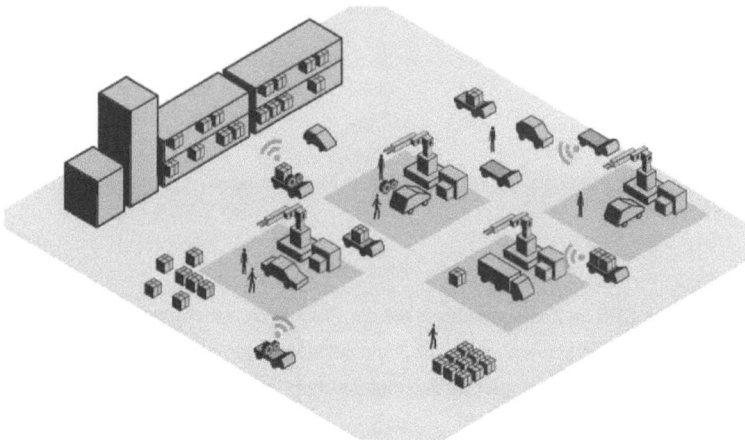

Abb. 7: Smart Factory[34]

Die effiziente Fertigung von individuell auf den Kunden angepassten Produkten ist in Zukunft ohne Mehraufwand möglich. Die Maschinen, Anlagen und Prozesse müssen nicht aufwendig umprogrammiert werden, sondern passen sich selbstständig an. Auch der Mensch wird mit Hilfe von HMI, Tablet PC, Datenbrillen oder ähnlichen Anzeigemitteln in die Prozesse integriert sein.[35]

3.3.4 Big Data

Übersetzt man Big Data schlicht und einfach ins Deutsche, spricht man von großen Daten. In unserem Fall spricht man aber eher von einer Unmenge an Daten, welche dank IoT durch die Vernetzung von Abermilliarden Geräten (s. Abb. 5) anfallen. Laut einer Studie von IBM fallen momentan täglich 2,5 Millionen Terrabyte an neuen Daten an.[36] Dazu zählen Fotos, Videos, GPS-Daten aber auch Prozessdaten von Sensoren, Maschinen, Fabriken

---

[33] Vgl. Fischer & Gorecky, 2015 , S. 152-153.
[34] Quelle: acatech, 2015 , S. 14.
[35] Vgl. Fischer & Gorecky, 2015 , S. 154.
[36] Vgl. IBM, 2016

usw..[37] Ziel ist die Analyse der angefallenen Daten um Verhalten, Optimierungen etc. abzuleiten.

Die nachfolgende Abb. 8 aus der PWC Studie zeigt wie wichtig die Daten für einzelne Branchen bis 2019 werden. Für den Bereich Maschinen- und Anlagenbau verdoppelt sich die Bedeutung von 2014 bis 2019.[38]

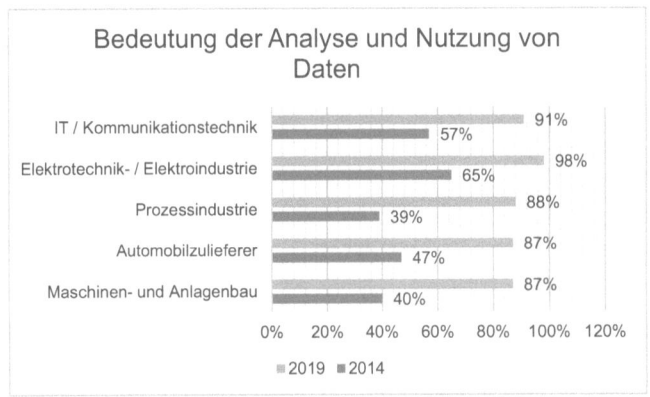

Abb. 8: Bedeutung der Analyse und Nutzung von Daten[39]

Die Daten, die der Maschinen- und Anlagenbau auswerten kann unterscheiden sich deutlich von persönlichen Daten, welche z.B. ein Smartphone zur Verfügung stellt. Der Maschinen- und Anlagenbauer kann die anfallenden Daten klar Sensoren, Aktoren und industriellen Maschinen zuordnen, da er diese Komponenten ausgelegt und die erforderliche Software erstellt hat. Einige Maschinen- und Anlagenbauer analysieren schon seit Jahren Daten mit Hilfe von selbstentwickelter Software. Fraglich ist ob man in Zukunft auf die Analyse von Big Data zurückgreifen wird oder weiter in eigene Lösungen investiert.[40]

Auch sollte man die Daten, die der Maschinen- und Anlagenbau auswertet, trotzdem übergeordneten System zur Verfügung stellen. Nur so ist sichergestellt, dass eine ganzheitliche Analyse von kompletten, herstellerübergreifenden Prozessstrecken gewährleistet wird.

---

[37] Vgl. Sendler, 2016 , S. 47.
[38] Vgl. PricewaterhouseCoopers AG, 2014 , S. 24.
[39] Eigene Darstellung – Quelle: PricewaterhouseCoopers AG, 2014 , S. 24.
[40] Vgl. Sendler, 2016 , S. 47-48.

4 Chancen im Bereich Service durch Industrie 4.0

Im nachfolgenden Kapital beschreibe ich zunächst den klassischen Service im Maschinen- und Anlagenbau. Anschließend gehe ich auf den smarten Service ein, welcher den Service mit Hilfe von Industrie 4.0 realisiert oder bestehenden Serviceprodukte revolutioniert. Um die Effektivität und den Nutzen dieser zu bewerten, werden sie unter Berücksichtigung verschiedener Ansichten (Dienstleister, Betreiber und Mitarbeiter) analysiert und die Auswirkungen auf die zwei wichtigsten KPIs der Betreiber aufgezeigt. Die beiden wichtigsten KPIs sind nach einer Studie von Bearing Point, unter 51 Unternehmen aus verschiedenen instandhaltungsintensiven Branchen:[41]

1. Instandhaltungskosten

2. Gesamtanlagenverfügbarkeit (OEE)

Unter Instandhaltungskosten werden alle Kosten zusammengefasst, die anfallen um die erforderliche Instandhaltung umzusetzen. Dazu zählen Kosten für Ersatzteile, Personal und ggf. Folgekosten, die für weitere Reparaturen durch unsachgemäße Instandhaltung anfallen.

OEE bildet einen Zusammenhang zwischen der Produktionszeit und möglicher Effizienz- und Produktivitätsverlusten. Zur Ermittlung der Produktionszeit werden von der maximal verfügbaren Zeit die geplante Stillstandszeiten wie z.B. Instandhaltung, Pausen usw. abgezogen. Effizienz- und Produktivitätsverluste lassen sich drei Gruppen aufteilen:

- **Zeitverluste:** Störungen, ungeplante Reparaturen etc..

- **Geschwindigkeitsverluste:** Reduktion der Leistung z.B. aufgrund von verschlissenen Bauteilen.

- **Qualitätsverluste:** Produktion von Ausschuss durch ggf. falsch eingestellte Produktionsparameter.

Studien besagen, dass der durchschnittliche OEE weltweit im produzierendem Gewerbe bei ca. 60% liegt.[42] Ein Ziel von Industrie 4.0 ist es, durch Einsatz neuer Technik den OEE weiter zu steigern.

Im Anschluss werden die hier vorgestellten Chancen mit Hilfe einer Nutzwertanalyse ausgewertet. Diese Untersuchung soll als Anhaltspunkt für Maschinen- und Anlagenbauern dienen, die sich die Frage stellen welche

---

[41] Vgl. Blameuser, Galonske, & Gehrmann, 2015 , S. 10.
[42] Vgl. Ryll & Freund, 2010 , S. 81-85.

neuen Möglichkeiten am ehesten eingeführt oder welche bestehenden Serviceprodukte verändert werden sollten.

4.1 Klassischer Service

Zum klassischen Service zählt natürlich in erste Linie das Ersatzteilgeschäft. Dieser Geschäftsbereich gerät aufgrund des Einsatzes von immer mehr Normteilen zunehmend unter Druck, da sich mehr und mehr Betreiber die genormten Bauteile wie z.b. Lager direkt beim jeweiligen Hersteller oder über Drittanbieter beschaffen.

Neben der Versorgung mit Ersatzteilen nimmt der TKD mit seinen Dienstleistungen wie Montage, Installation, Instandhaltung, Fehlerbehebung, Optimierung etc. eine Schlüsselrolle im Bereich Service ein.

Betrachtet man den Lebenszyklus einer Maschine bzw. Anlage, so stellt man fest, dass ein Großteil der Zeit der Service mit allen seinen Bereichen die meisten Berührungspunkte zum Kunden hat. In der Abb. 9 wurden diese Berührungspunkte grün hervorgehoben.

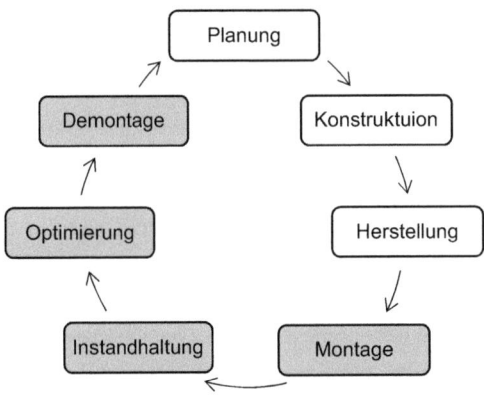

Abb. 9: Lebenszyklus einer Maschine / Anlage [43]

Liegt die Marge beim Absatz neuer Maschinen und Anlagen zwischen zwei bis drei Prozent, so liegt sie im Bereich Service um zwanzig Prozent und mehr.[44] Durch diesen Fakt, die vermehrten Berührungspunkte gemäß Abb. 9 und die größere Unabhängigkeit von Investitionszyklen, setzt der Maschinen- und Anlagenbau vermehrt auf den Bereich Service.[45]

---

[43] Eigene Darstellung – Quelle: Freund, 2010 , S. 11.
[44] Vgl. acatech, 2015 , S. 8.
[45] Vgl. Herterich, Uebernickel, & Brenner, 2016 , S. 1-2.

Nachfolgend gehe ich auf zwei klassische Arten der Instandhaltung ein, welche gemäß einer Studie von BearingPoint auch in der Zukunft eine wichtige Rolle spielen werden (vgl. Abb. 10). Anhand dieser werde ich später den Unterschied zu einer modernen Instandhaltungsstrategie aufzeigen.

4.1.1 Präventive Instandhaltung

Nach DIN 31051 ist das Ziel von Instandhaltung die Erhöhung der Lebensdauer, Maximierung der Verfügbarkeit, Sicherstellen von Funktion und Leistung und die Einhaltung von Sicherheits-, Umwelt- und Qualitätsstandards.[46]

Die präventive Instandhaltung ersetzt Bauteile gemäß der vom Hersteller vorgegebenen Intervalle oder gemäß eigener Erfahrungen. Der Austausch erfolgt unabhängig vom Zustand des zu tauschenden Bauteiles. Eine Herausforderung besteht darin, dass die eingesetzten Bauteile teilweise eine unterschiedliche Lebensdauer aufweisen und es so ggf. mehrere Wartungsintervalle geben muss. Die einzuhaltenden Intervalle richten sich meist nach den geleisteten Betriebsstunden oder Kalendertagen, welche dem PPS entnommen werden können. Somit ist diese Instandhaltung sehr gut in Bezug auf Ressourcen und Material für den Servicedienstleister und den Betreiber planbar. Auch die Mitarbeiter wissen im Vorfeld welche Arbeiten auf sie zu kommen. Sie können sich ideal auf den Einsatz vorbereiten und die Instandhaltung stressfrei durchführen. Durch den regelmäßigen Austausch verschleißbehafteter Bauteile erhöht sich für den Betreiber die OEE. Ein großer Nachteil dieser Methode ist das hier eventuell Bauteile voreilig getauscht werden, obwohl diese noch gar nicht ihre Verschleißgrenze erreicht haben. Dieses verursacht höhere Instandhaltungskosten als erforderlich und ist nicht nachhaltig im Blick auf Ressourcen und Material.[47]

4.1.2 Reaktive Instandhaltung

Die reaktive Instandhaltung ist das genaue Gegenteil der präventiven. Hier werden die Maschinen und Anlagen so lange betrieben bis Bauteile ausfallen. Die Folgen sind nicht planbare Stillstände und eventuell unvorhersehbare Folgeschäden. Um die Kosten durch Stillstände so gering wie möglich zu halten, müssen Betreiber bzw. Dienstleister ständig die nötigen Ersatz-

---

[46] Vgl. Freund, 2010 , S. 15-17.
[47] Vgl. Ryll & Freund, 2010 , S. 28-30.

teile, Werkzeuge, Ausrüstungen und Hilfsmittel vorrätig halten und einen schnellen Zugriff auf das nötige Personal sicherstellen. Nur durch diese Maßnahmen lassen sich die Folgen eines Ausfalls abmildern. Für die Mitarbeiter beim Betreiber als auch beim Dienstleister bedeutet dieses eine hohe Stressbelastung, da unter Zeitdruck Bauteile ersetzt, eventuelle Folgeschäden behoben und die Ausfallzeit ggf. durch Mehrarbeit wieder eingeholt werden müssen. Diese Art der Instandhaltung hat den größten negativen Einfluss auf die OEE und weist in Abhängigkeit der Komplexität der Maschinen und Anlagen die höchsten Instandhaltungskosten auf. [48]

4.2 Smart Service

Nicht nur die Entwicklung und Produktion wird sich dank Industrie 4.0 einem Wandel unterziehen, sondern auch der Service muss sich auf die neuen Herausforderungen in der unter 3.3.3 beschrieben Smart Factory einstellen. Moderne Techniken wie Condition Monitoring (Zustandsüberwachung), Fernwartung, Software für den Bereich Service und elektronische Dokumentation werden aufgrund von Kundenanfragen und gesunkener Kosten vermehrt Einzug in den Bereich Service halten.[49] Hinzukommt laut einer Studie, dass in Zukunft moderne Instandhaltungsstrategien wie TPM, CBM und RCM rapide an Bedeutung zunehmen werden (vgl. Abb. 10).[50]

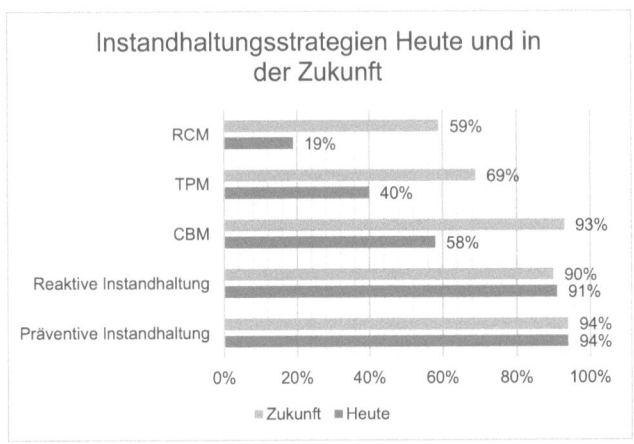

Abb. 10: Instandhaltungsstrategien Heute und in der Zukunft[51]

---

[48] Vgl. Ryll & Freund, 2010 , S. 27-28.
[49] Vgl. Bienzeisler, Schletz, & Gahle, 2014 , S. 7.
[50] Vgl. Blameuser, Galonske, & Gehrmann, 2015 , S. 4-5.
[51] Eigene Darstellung - Quelle: Blameuser, Galonske, & Gehrmann, 2015 , S. 9.

4.2.1 CMS – Zustandsüberwachung

Dank moderner und immer kostengünstiger werdender Sensoren können heutzutage diverse Informationen wie z.b. Schwingungen, Temperaturen, Drücke, Abnutzungen, Geometrieänderungen etc. gemessen und direkt im CPS verarbeitet werden. Mit Hilfe von IoT kann der erfasste Zustand einzelner Maschinen und Anlagen aber auch ganzer CPPS visualisiert und in Echtzeit analysiert werden. So erhalten Betreiber, Mitarbeiter und falls gewünscht auch Servicedienstleister jederzeit einen Überblick über den aktuellen Zustand. Das nachfolgende Bildschirmfoto (Abb. 11) zeigt wie die durch CMS erfassten Daten visualisiert werden können. Auch lassen sich anhand von Trends eingetretene Zustandsveränderungen über einen gewissen Zeitraum darstellen und Tendenzen ableiten. Parametriert man in der Software noch Grenzwerte welche nicht überschritten werden dürfen, so kann CMS einen Alarm genieren und falls gewünscht weitere Automatismen anstoßen.[52]

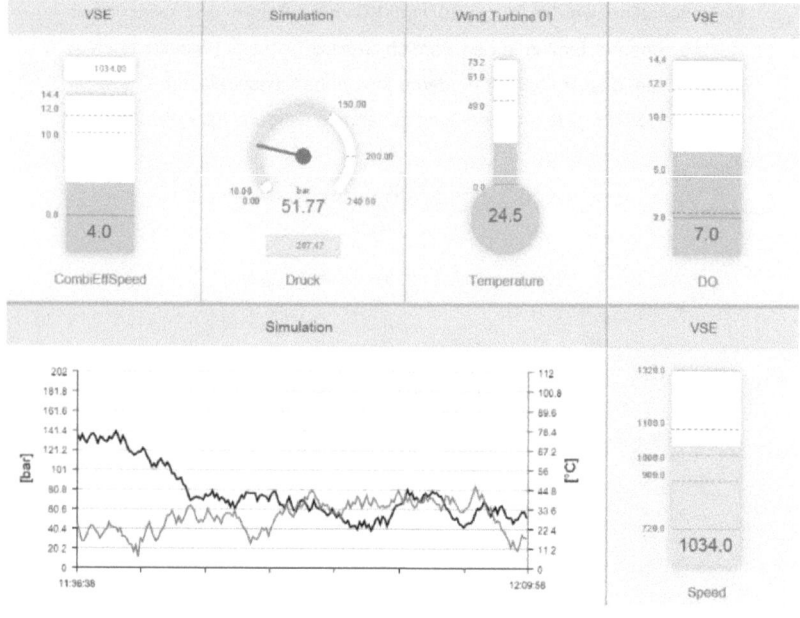

Abb. 11: Zustandsüberwachung[53]

---

[52] Vgl. Jahn, Predictive Maintenance - vom Sensor bis ins SAP, 2015 , S. 36-40.
[53] Vgl. IFM, 2016

Die so erfassten Daten lassen sich auch hervorragend für den Bereich Service auswerten. Es könnte z.b. die Abnutzung von Bauteilen, Anomalien und Schwachstellen frühzeitig erkannt oder Maßnahmen zur Optimierung abgeleitet werden.[54]

4.2.2 CBM - Zustandsabhängige Instandhaltung

Nutzt man die unter 4.2.1 beschrieben Daten nur für die Wartung, spricht man von CBM – Zustandsabhängiger Instandhaltung. Wie man der Abb. 10 entnehmen kann, wird diese Art der Instandhaltung in den nächsten Jahren an Bedeutung zunehmen.[55]

Der Vorsprung dieser Instandhaltungsstrategie liegt darin, das bei permanenter Überwachung durch CMS die einzelnen Bauteile der Maschinen und Anlagen eine sehr hohe Ausnutzung haben. Bauteile können bis kurz vor dem Totalausfall betrieben werden. Dank moderner Techniken ist es möglich den genauen Zeitpunkt für eine erforderliche Wartung vorauszubestimmen und die nötigen Ressourcen bereitzustellen. Dieses bringt ein hohes Maß an Nachhaltigkeit und eine sehr gute Planbarkeit der Instandhaltung mit sich. Die abzusehende Stillstandzeit der Maschinen und Anlagen lässt sich genau ermitteln und so ein mögliches Zeitfenster im PPS einplanen.[56]

Instandhaltungskosten lassen sich so um 20% bis 30% reduzieren, da Bauteile nicht vorzeitig oder gar unnütz erneuert werden. Einsätze der Mitarbeiter im Service lassen sich besser planen und die Einsatzdauer nimmt ab, da zielgerichtet gearbeitet werden kann. Auch die Lagerhaltung lässt sich optimieren, die nötigen Bauteile können rechtzeitig vorher bestellt werden und müssen nicht im eigenen Lager vorgehalten werden.[57]

Die nachfolgende Abb. 12 zeigt welche Auswirkung der Einsatz von modernen Techniken und CBM auf die Prozesszeit in der Instandhaltung haben kann.

---

[54] Vgl. Herterich, Uebernickel, & Brenner, 2016 , S. 11-19.
[55] Vgl. Blameuser, Galonske, & Gehrmann, 2015 , S.9.
[56] Vgl. Ryll & Freund, 2010 , S. 30-31.
[57] Vgl. Bauernhansl, 2014 , S. 31-32.

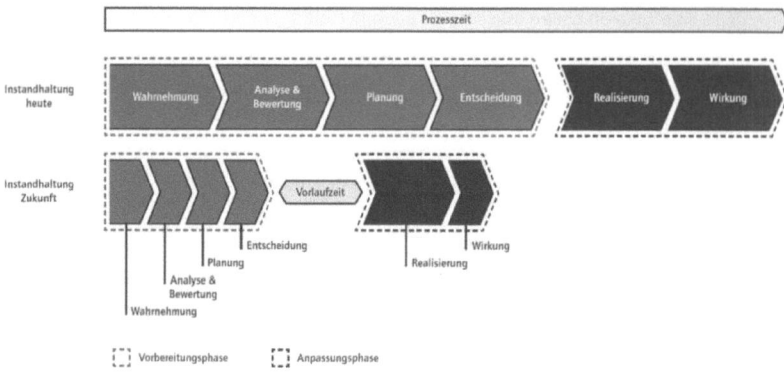

Abb. 12: Reduktion der Prozesszeit durch den Einsatz von CBM[58]

Dank dieser Instandhaltungstechnik steigt die OEE da die Maschinen und Anlagen weniger Stillstandzeiten aufweisen. Auch sinkt die Belastung der Mitarbeiter da sie in Echtzeit Informationen über den aktuellen Zustand des von ihnen betreuten Equipments bekommen. Sollte trotzdem ein unplanmäßiger Ausfall eintreten, lässt sich die Ursache dank CMS schnell ermitteln und die richtige Maßnahme einleiten.[59]

4.2.3 Augmented Reality

Hierbei wird mit Hilfe der Kamera in einer Datenbrille, Tablet PC, Smartphone etc. das reale Objekt erfasst und dem Techniker oder Bediener virtuelle Informationen zur Verfügung gestellt.[60]

Wie Augmented Realitiy in der Praxis aussehen kann, zeigt die nachfolgende Abb. 13.

Abb. 13: Augmented Reality im Service[61]

---

[58] Quelle: acatech, 2015 , S. 31.
[59] Vgl. Ryll & Freund, 2010 , S. 30-31.
[60] Vgl. Bienzeisler, Schletz, & Gahle, 2014 , S. 13.

Dieser Technik wird viel Potential zugesprochen, jedoch scheitert es momentan noch an der effektiven Objekterkennung und den Anschaffungskosten. In Zukunft können aber so Wartungen, Reparaturen, Installationen, Inspektionen usw. zielgerichtet durchgeführt werden. Der Techniker bekommt die nötige Anweisung eingespielt und kann z.b. eine Messung der Spannung wie in Abb. 13 durchführen und das Ergebnis wird im Idealfall automatisch dokumentiert.[62]

In Zukunft lassen sich mit Hilfe dieser Technik die Instandhaltungskosten weiter senken, da das Personal in Echtzeit nützliche Informationen bekommt und effektiver arbeiten kann. Dieser Effekt wirkt sich auch positiv auf die OEE aus, da die Maschinen und Anlagen wieder schneller in Produktion gehen können.

4.2.4 Fernwartung

Grundsätzlich ist Fernwartung kein neues Werkzeug welches erst mit Industrie 4.0 eingeführt wurde, früher konnten bereits Verbindungen über Telefon und Internet zur SPS und dem HMI von Maschinen und Anlagen aufgebaut werden. Techniker konnten so aus der Ferne Störungen analysieren und durch eingreifen oder Geben von Hilfestellungen an das Betreiberpersonal diese beheben.

Durch den Ausbau von immer schnelleren Internetverbindungen und der Verknüpfung mit CMS, Kamerasystemen und weiteren neuen Techniken wie z.B. Datenbrillen, CPS etc. ergeben sind heute und in Zukunft viele weiteren Möglichkeiten im Bereich der Fernwartung. In Zukunft gehen Maschinen- und Anlagenbauer davon aus, dass die Fernwartung grundsätzlich in allen Neuinstallationen vom Betreiber gefordert wird.[63]

Im Bereich Service denkt man, falls noch nicht geschehen, bereits darüber nach Servicezentren aufzubauen, in denen erfahrene Techniker den Kunden weltweit per Fernwartung unterstützen.[64]

Mit Hilfe der Fernwartung kann man neben der klassischen Störungsbeseitigung auch Routinekontrollen und Optimierungen durchführen. Dafür wertet der Serviceanbieter Parameter, Daten von CMS, Kamerabilder, Informationen vom PPS usw. aus. Anschließend kann falls erforderlich Änderun-

---

[61] Quelle: Knüpffer, 2015 .
[62] Vgl. Bienzeisler, Schletz, & Gahle, 2014 , S.13.
[63] Vgl. Lüth, 2015 , S. 35.
[64] Vgl. Herterich, Uebernickel, & Brenner, 2016 , S. 16-17.

gen an Software, Parametern, Prozessen etc. direkt durchgeführt oder weitere Maßnahmen mit dem Betreiber abgestimmt werden.

Durch die Anbindung einer Datenbrille, welcher der Bediener vor Ort trägt erhält der Mitarbeiter im Servicezentrum live ein Bild von den Gegebenheiten vor Ort. Dieser kann so noch effektiver unterstützen und dem Bediener wichtige virtuelle Zusatzinformationen direkt in dessen Sichtfeld einblenden. [65] Diese Möglichkeit bietet sich auch bei TPM an. Der Betreiber hat hier die Instandhaltungsaufgaben in die Produktion integriert, sprich die Bediener übernehmen Routinearbeiten welche mit der Unterstützung von Fernwartung auch kleinere Störungen selbstständig beheben können.[66]

Dank Fernwartung erspart sich der Kunde so die teuren Stundensätze und Anfahrtswege der TKD-Mitarbeiter. Die Kosten für die Fernwartung sind meistens nach einem eingesparten Serviceeinsatz gedeckt. Als Folge einer schnellen Reaktion und Problemlösung steigt der OEE.

Auch der Maschinen- und Anlagenbauer profitiert vom Einsatz einer ausgeklügelten Fernwartung. Die Kundenbindung steigt durch Unterstützung in Echtzeit und beim Verkauf von neuen Maschinen- und Anlagen kann man sich durch den Mehrwert von der Konkurrenz abheben. Des Weiteren kann während der Gewährleistungsfrist dem Kunden geholfen werden ohne einen Techniker zu entsenden, was eine Kostenreduktion bedeutet. Auch das eigene Personal des TKDs kann durch diese Technik vor Ort ideal unterstützt werden und Aufgaben professioneller und schneller erledigen.[67]

4.3 Software im Bereich Service

Durch die oben genannten Techniken fallen immer mehr Daten für den Bereich Service an. Um diese Daten sinnvoll zu visualisieren und analysieren benötigt man passende Software. Hierbei kann der Maschinen- und Anlagenbauer für seine eigenen Produkte so eine Software dem Betreiber zur Verfügung stellen aber auch für den Bereich Service selber nutzen. In eine solche Software können z.B. folgende Funktionen integriert sein:

- Statusanzeige der Maschinen und Anlagen.
- Auswertung von Daten aus CMS.
- Auftragsplanung für Instandhaltung.
- Ersatzteilwesen.

---

[65] Vgl. Bienzeisler, Schletz, & Gahle, 2014 , S.13.
[66] Vgl. Ryll & Freund, 2010 , S.34.
[67] Vgl. Herterich, Uebernickel, & Brenner, 2016 , S. 16-17.

- Dokumentation wie Handbücher oder Serviceberichte.
- Wissensmanagement.
- Anbindung an die Fernwartung.
- Auswertung von Kennzahlen wie z.B. OEE.

In der nachfolgenden Abb. 14 sieht man, wie eine solche Oberfläche einer Software aussehen kann. Man bekommt anhand kleiner Symbole den jeweiligen Status direkt angezeigt. Für weitere Details kann man dann gezielt die entsprechende Maschine oder Anlagen öffnen.[68]

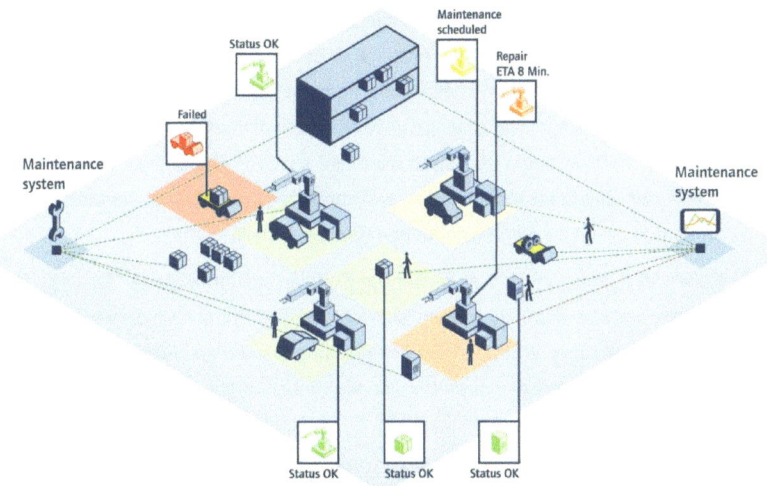

Abb. 14: Smartes Instandhaltungssystem[69]

Mit Hilfe einer solchen Software sollen Betreiber wie aber auch Servicedienstleister schnell einen Überblick über die Maschinen und Anlagen bekommen. Die Abläufe in der Instandhaltung und Service lassen sich weiter optimieren und falls möglich können Prozesse wie z.B. die Bestellung von Ersatzteilen automatisiert werden. Ein weiteres Ziel ist es auch mit Hilfe der Software Maßnahmen abzuleiten, welche zur Kostensenkung und Erhöhung des OEE führen.

---

[68] Vgl. Hänsch & Endig, 2010 , S. 271-281.
[69] Quelle: acatech, 2015 , S. 13.

23

4.3.1 Service-Apps und Portale

Im Gegensatz zur der unter 4.3 beschriebenen umfangreichen Software handelt es sich bei Service-Apps und Portale um kleinere Applikationen.

Apps werden vorrangig für Smartphones und Tablet PCs entwickelt und können bei diversen Service-Situationen zum Einsatz kommen wie z.b.:

- Bereitstellung von technischer Dokumentation wie Handbücher etc.
- Auswertung von CMS Daten.

Hierbei sollte man jedoch zwischen Service-Apps für Betreiber und Apps für eigenes Servicepersonal unterschieden. Für das eigene Personal des TKDs kann man solch eine App noch mit weiteren Funktionen wie der Zeiterfassung, Auftragsplanung, elektronischem Lieferschein etc. ausstatten. Durch eine derartige App gelangen nötige Informationen ohne Umwege in übergeordnete Systeme. Klassisch wäre hier ein ERP System welches die Daten der Zeiterfassung und den elektronischen Lieferschien auswertet und automatisch die Rechnung für den Kunden erstellt.[70]

Neben den Apps werden auch Service-Portalen immer wichtiger für den Bereich Service. Kunden können sich auf Service-Portale einloggen und Informationen über erbrachte Service-Leistungen abrufen. Aber auch Ersatzteile oder andere Serviceleistungen via Webshop beauftragen und z.B. den Status der Lieferung verfolgen.[71]

Sowohl durch die Service-App als auch das Portal verspricht man sich höhere Kundenbindung und einen Wettbewerbsvorteil gegenüber Mitbewerbern.

4.3.2 Dokumentation von Serviceeinsätzen

Dank moderner IT-Systeme setzen bereits ein Großteil von Maschinen- und Anlagenbauern keine Papierdokumentation mehr ein.[72] Eine lückenlose Dokumentation von Serviceeinsätzen hilft allen Beteiligten, abgesehen von der Dokumentationspflicht, einen schnellen Überblick über die durchgeführten Arbeiten und deren Resultate zu bekommen. Enthaltene Informationen lassen sich analysieren, umso Fehler in der Konstruktion, Probleme mit Bauteilen, Optimierungspotentiale etc. schneller zu erkennen und falls

---

[70] Vgl. Bienzeisler, Schletz, & Gahle, 2014 , S. 15-16.
[71] Vgl. Bienzeisler, Schletz, & Gahle, 2014 , S. 16.
[72] Vgl. Bienzeisler, Schletz, & Gahle, 2014 , S. 25.

erforderlich Gegenmaßnahmen in den entsprechenden Prozess einzusteuern.

Das enthaltene Wissen eignet sich aber auch hervorragend im Service. Erforderliche Serviceeinsätze, Ersatzteile, Upgrades usw. können dem Kunden anhand der Informationen unterbreitet werden. Auch zukünftige Serviceeinsätze können effektiver vorbereitet und durchgeführt werden, da eine Historie über vorangegangene Maßnahmen vorliegt.

Der Einsatz einer Wissensdatenbank für den TKD aber auch Betreiber ist ebenfalls denkbar. Bei Problemen vor Ort kann mit Hilfe einer Suchfunktion geprüft werden ob diese Störung bereits bekannt ist und welche Maßnahmen zur Störungsbehebung erforderlich sind. Eine solche Datenbank bewahrt dieses Wissen im Unternehmen und erlaubt weitere Analysen. Diese können eventuell neue Produkte oder Optimierungen hervorbringen, die nachhaltig zum Erfolg beitragen.[73]

Wie lässt sich nun die Dokumentation mit Hilfe von Industrie 4.0 optimieren? Meiner Meinung nach gibt es hier diverse Möglichkeiten. Eine ist die beschleunigte Dokumentation. Erfassung von Grunddaten (Type, Seriennummer, Betriebsstunden etc.) der Maschine können durch moderne Technik wie z.B. NFC direkt ausgelesen werden. Der Techniker erspart sich die händische Eingabe und Fehler bei der Datenübernahme werden eliminiert. Gleichzeitig können weiteren Informationen aus dem CMS, Parameter, Störungen oder ähnliches erfasst und dokumentiert werden. Anhand dieser Informationen lässt sich der Ist-Zustand, welcher vorherrschte bevor der Techniker seine Arbeit aufgenommen hat, dokumentieren. Nachdem der geplante Service erfolgreich ausgeführt wurde, lassen sich die neuen Daten in den Report einlesen. Ohne großen Aufwand lässt sich die eingetretene Verbesserung dokumentieren und dem Kunden präsentieren. Haben z.B. Schwingungssensoren vorher einen Lagerschaden diagnostiziert, so ist nach einem Austausch dieses Fehlerbild nicht mehr vorhanden und das Lager erzeugt wieder die typischen Schwingungen. Solch einen Report kann direkt in der Maschine oder Anlage gespeichert, per E-Mail an den Betreiber gesendet, im Serviceportal ablegt und die erfassten Daten analysiert werden.[74]

---

[73] Vgl. acatech, 2015 , S.19.
[74] Vgl. Jahn, Ein Weg zu Industrie 4.0 - Geschäftsmodelle für Produktion und After Sales, 2016 , S. 304.

Moderne elektronische Dokumentationssysteme bieten meiner Meinung nach ein großes Potential, da Serviceeinsätze zeitsparend dokumentiert und wertvolle Informationen nachhaltig gewonnen werden.

4.4 Nutzwertanalyse

Um Maschinen- und Anlagenbauern eine Handlungsempfehlung für die Umsetzung im Bereich Smart Services geben zu können, werte ich die oben genannten Möglichkeiten mit Hilfe einer Nutzwertanalyse aus. Mit Hilfe der Auswertung kann man dann individuell entscheiden welche neuen Möglichkeiten eingeführt bzw. wie man bereits bestehende Serviceprodukte erweitern könnte.

4.4.1 Bewertungskriterien und deren Gewichtung

Aufgrund meiner jahrelangen Erfahrung im Bereich Service und durch etliche Gespräche mit Kunden und anderen Serviceanbietern, habe ich die folgenden Bewertungskriterien für die Nutzwertanalyse gewählt:

- **OEE:** Welchen positiven Einfluss hat das Serviceprodukt auf die OEE.

- **Kundenzufriedenheit:** Hiermit sind alle Faktoren gemeint welche zur Steigerungen der Kundenzufriedenheit beitragen wie z.B. schnellen Reaktion und lösungsorientierte Störungsbeseitigung.

- **Machbarkeit:** Darunter verstehe ich z.B. ob die Technik, welche erforderlich ist, schon ausgereift für den Markt ist, bestehende Maschinen und Anlagen nachgerüstet werden können oder wie hoch die Aufwendungen für eine mögliche Umsetzung wären.

- **Kosten:** Unter diesem Kriterium beurteile ich wie hoch die Kosten für den Serviceanbieter im Fall einer Einführung wären.

Um die oben aufgeführten Kriterien zu gewichten, habe ich diese gegenübergestellt und anhand der nachfolgenden Gewichtung bewertet.

Gewichtung:

Kriterium A ist viel wichtiger als Kriterium B: 10:0

Kriterium A ist wichtiger als Kriterium B: 7:3

Kriterium A und Kriterium B sind gleichwichtig: 5:5

Das Ergebnis der Gewichtung kann der nachfolgenden Tabelle 1 entnommen werden.

Bewertungskriterien	OEE	Kundenzufriedenheit	Machbarkeit	Kosten	Summe Punkte	Gewichtung in %
OEE		7	7	7	21	35,0%
Kundenzufriedenheit	3		7	7	17	28,3%
Machbarkeit	3	3		7	13	21,7%
Kosten	3	3	3		9	15,0%
Summe					**60**	**100%**

Tabelle 1: Gewichtung der Bewertungskriterien[75]

4.4.2 Auswertung

In diesem Abschnitt bewerte ich den Einfluss, welche die oben genannten Chancen für den Service auf die einzelnen Bewertungskriterien haben. Dazu beurteile mit Hilfe von Schulnoten wie hoch die Auswirkung auf das Bewertungskriterium ist, z.b. hat eine 1 sehr guten Einfluss auf das Kriterium, die 6 hingegen einen schlechten bis garkeinen Einfluss. Das Ergebnis dieser Auswertung zeigt Tabelle 2.

Serviceprodukt / Bewertungskriterien	CMS	CBM	Augmented Reality	Fernwartung	Service-Apps & Portal	Elektronische Dokumentation
OEE	2	1	3	2	4	4
Kundenzufriedenheit	2	2	2	2	2	2
Machbarkeit	4	4	5	1	2	3
Kosten	4	4	5	2	2	2
Summe	**12**	**11**	**15**	**7**	**10**	**11**

Tabelle 2: Nutzwertanalyse[76]

Die Nutzwertanalyse zeigt das man sich, falls bisher noch nicht geschehen zuerst mit dem Thema Fernwartung auseinandersetzen sollte. Hier lassen sich je nach Umfang des Systems schon durch den Einsatz von Tablet-PCs etc. OEE und Kundenzufriedenheit steigern. Ebenso kann man diese Technik in einem Großteil der Maschinen und Anlagen nachrüsten.

---

[75] Eigene Darstellung
[76] Eigene Darstellung

Auch lassen sich heutzutage Apps und Portale im Bereich Service mit einem überschaubaren Aufwand einführen und man erreicht damit schnell eine höhere Kundenzufriedenheit. Solche Apps und Portale lassen sich auch jederzeit um Funktionen erweitern, welche eventuell bei einer zeitnahen Einführung nicht zur Verfügung stehen oder diese gar verhindern würden.

Andere Möglichkeiten wie CMS und CBM lassen sich bei neuen Maschinen und Anlagen mit gewissen Mehrkosten schon heute realisieren, jedoch ist das Nachrüsten mit einem sehr Aufwand verbunden. In einem solchen Fall muss man Kosten und Nutzen abwägen.

Auf Augmented Reality sollte man hingegen seinen Fokus nur legen, wenn alle anderen Chancen bereits erfolgreich umgesetzt wurden und es genug Nachfrage vom Kunden gibt. Ich persönlich denke, dass die Technik in diesem Bereich noch weiterentwickelt und kostengünstiger werden muss. Nur so lässt sich diese erfolgreich und flächendeckend im Service einsetzen.

5 Fazit und Ausblick

Industrie 4.0 bringt in allen Bereichen große Veränderungen mit sich und ist eine Herausforderung für die Politik, Wirtschaft und Gesellschaft. Es müssen Gesetze, Prozesse, Arbeitsplätze etc. angepasst bzw. geschaffen werden, um das Miteinander zu regeln.

Ohne Industrie 4.0 werden wir es in Deutschland schwer haben, in Zukunft noch effektiv Produkte zu fertigen. Der Markt verlangt nach immer neuen und flexible gestaltbaren Produkten wie z.B. Nike iD, wo sich der Endkunde seinen Sportschuh individuell zusammenstellen kann. Solche individuellen Kundenwünsche lassen sich in starren Fertigungsprozessen nur mit viel manuellem Aufwand umsetzen dieses bringt natürlich deutlich höhere Kosten mit sich.

Eine weitere Digitalisierung und Automatisierung der Produktion bringt natürlich auch Risiken mit sich. So kann man davon ausgehen, dass in Zukunft weniger Menschen in der klassischen Fertigung arbeiten werden. Der Technologiefortschritt z.B. bei Robotern lässt diese immer mehr Tätigkeiten übernehmen und durch weiteren Preisverfall werden diese immer mehr in Fabriken eingesetzt. Das soll keine Horrormeldung sein denn bisher wurde durch jede industrielle Revolution die Gesellschaft und Wirtschaft weitervorangebracht. Neue Arbeitsplätze werden daher in anderen Bereichen entstehen, um den Fortschritt durch Industrie 4.0 voranzutreiben.

Ein Bereich indem neue Arbeitsplätze entstehen können ist ganz klar der Bereich Service / TKD. Werden immer mehr und modernere Maschinen und Anlagen eingesetzt, so steigt auch der Bedarf an Serviceprodukten wie Instandhaltung, Fernwartung usw.. Einige Möglichkeiten, welche in der Zukunft umgesetzt werden könnten habe ich in dieser Arbeit näher erklärt.

Fakt ist, dass die Bedeutung für den Bereich Service bei vielen Maschinen- und Anlagenbauer zunehmen wird. Schon heute kann man sich mit Hilfe moderner Serviceprodukte vom Mitbewerber abheben und steigert so die Kundenzufriedenheit aber auch den Verkauf von neuen Maschinen und Anlagen.

Abschließend kann man sagen, dass neben den von mir vorgestellten Chancen im Bereich Service, es noch etliche weitere gibt. Durch weitere Entwicklungen werden sich auch in Zukunft bisher noch nicht angedachte Möglichkeiten für den Service /TKD ergeben.

6 Literaturverzeichnis

4.0, P. I. (2016). *Digitalisierung der Industrie - Die Plattform Industrie 4.0.* Berlin: Bundesministerium .

acatech. (2015). *Smart Maintenance für Smart Factories - Mit intelligenter Instandhaltung die Industrie 4.0 vorantreiben.* München: Herbert Utz Verlag.

al., e. (2013). *Umsetzungsempfehlungen für das Zukunftsprojekt Industrie 4.0.* Forschungsunion Wirtschaft – Wissenschaf und acatech.

Amberg, J. (26. 10 2015). Cyber-physische Systeme (CPS) - Einordnung und Praxisbeispiel. In C. Köhler-Schulte (Hrsg.), *Industrie 4.0: Ein praxisorientierter Ansatz* (S. 44-55). Berlin: KS-Energy-Verlag.

Anderl, R., Anokhin, O., & Arndt, A. (2016). Effiziente Fabrik 4.0 Darmstadt - Industrie 4.0 Implementierung für die mittelständige Industrie. In U. Sendler, & U. Sendler (Hrsg.), *Industrie 4.0 grenzenlos* (S. 121-136). München: Springer Verlag.

Bauernhansl, T. (2014). Die Vierte Industrielle Revolution - Der Weg in ein wertschaffendes Produktionsparadigma. In B. Vogel-Heuser, T. Bauernhansl, M. ten Hompel, & B. Vogel-Heuser (Hrsg.), *Industrie 4.0 in Produktion, Automatisierung und Logistik* (S. 5-35). Wiesbaden: Springer Vieweg.

Bienzeisler, B., Schletz, A., & Gahle, A.-K. (2014). *Industrie 4.0 Ready Services Technologietrends 2020 - Ergebnisse einer Kurzbefragung auf der Messe Maintain 2014.* Stuttgart: Fraunhofer IAO.

Blameuser, R., Galonske, M., & Gehrmann, S. (2015). *Gegenwart und Zukunft der technischen Instandhaltung - Die technische Instandhaltung im Zeitalter von Industrie 4.0.* Frankfurt am Main: BearingPoint GmbH.

Drath, R. (2015). Technische Grundlagen. In C. Manzei, L. Schleupner, R. Heinze, & R. Heinze (Hrsg.), *Industrie 4.0 im internationalen Kontext* (S. 18-24). Berlin: VDE Verlag.

Fischer, S., & Gorecky, D. (2015). Smart Factory - Eine Idee wird Realität. In C. Manzei, L. Schleupner, R. Heinze, & R. Heinze (Hrsg.), *Industrie 4.0 im internationalen Kontext* (S. 152-154). Berlin: VDE Verlag.

Freund, C. (2010). Die Instandhaltung im Wandel. In M. Schenk, & M. Schenk (Hrsg.), *Instandhaltung technischer System* (S. 1-22). Berlin: Springer Verlag.

Hahn, H.-W. (1998). *Die Industrielle Revolution in Deutschland* (Bd. 49). (L. Gall, Hrsg.) München, Deutschland: R. Oldenbourg Verlag.

Hänsch, K., & Endig, M. (2010). Informationsmanagement in der Instandhaltung. In M. Schenk, & M. Schenk (Hrsg.), *Instandhaltung technischer Systeme* (S. 231-287). Heidelberg: Springer-Verlag.

Herterich, M., Uebernickel, F., & Brenner, W. (2016). *Industrielle Dienstleistungen 4.0.* Wiesbaden: Springer Vieweg.

IBM. (31. 10 2016). *Big Data.* Abgerufen am 31. 10 2016 von http://www-01.ibm.com/software/de/big-data/index.html

IFM. (29. 10 2016). *Der Y-Weg / Condition Monitoring.* Abgerufen am 29. 10 2016 von https://www.ifm.com/ifmat/web/y-weg-condition-monitoring.htm

Jahn, M. (2015). Predictive Maintenance - vom Sensor bis ins SAP. In C. Manzei, L. Schleupner, R. Heinze, & R. Heinze (Hrsg.), *Industrie 4.0 im internationalem Kontext* (S. 36-41). Berlin: VDE Verlag.

Jahn, M. (2016). *Ein Weg zu Industrie 4.0 - Geschäftsmodelle für Produktion und After Sales.* Berlin/Boston: Walter de Gruyter GmbH.

Kenn, H. (2015). Architekturen für das "Internet der Dinge". In C. Manzei, L. Schleupner, R. Heinze, & R. Heinze (Hrsg.), *Industrie 4.0 im internationalem Kontext* (S. 30-35). Berlin: VDE Verlag.

Knüpffer, G. (08. 09 2015). *Augmented Reality: Chancen für deutsche KMU.* Abgerufen am 13. 11 2016 von https://www.produktion.de/nachrichten/augmented-reality-chancen-fuer-deutsche-kmu-106.html

Köhler, P., Six, B., & Michels, J. (2015). Industrie 4.0: Ein Überblick. In C. Köhler-Schulte (Hrsg.), *Industrie 4.0: Ein praxisorientierter Ansatz* (S. 17-43). Berlin: KS-Energy-Verlag.

Lüth, C. (2015). Funktion und Herausforderung von Cyber-Physical Systems. In C. Manzei, L. Schleupner, R. Heinze, & R. Heinze (Hrsg.), *Industrie 4.0 im internationalem Kontext* (S. 25-29). Berlin: VDE Verlag.

PricewaterhouseCoopers AG. (2014). *Industrie 4.0 - Chancen und Herausforderungen der vierten Industrielle Revolution.* PricewaterhouseCoopers AG.

Ryll, F., & Freund, C. (2010). Grundlagen der Instandhaltung. In M. Schenk, & M. Schenk (Hrsg.), *Instandhaltung technischer System* (S. 23-101). Berlin: Springer Verlag.

Sendler, U. (2016). *Industrie 4.0 grenzenlos.* (U. Sendler, Hrsg.) München: Springer Verlag.

Soder, J. (2014). Use Case Production: Von CIM über Lean Production zu Industrie 4.0. In T. Bauernhansl, M. ten Hompel, B. Vogel-Heuser, & B. Vogel-Heuser (Hrsg.), *Industrie 4.0 in Produktion, Automatisierung und Logistik* (S. 85-102). Wiesbaden: Springer Vieweg.

SRF. (28. 10 2016). *Henry Ford: Autopionier, Pazifist – und Antisemit.* Abgerufen am 28. 10 2016 von http://www.srf.ch/news/panorama/henry-ford-autopionier-pazifist-und-antisemit

van der Meulen, R. (10. 11 2015). *Gartner Says 6.4 Billion Connected "Things" Will Be in Use in 2016, Up 30 Percent From 2015.* Abgerufen am 30. 10 2016 von http://www.gartner.com/newsroom/id/3165317

VW. (28. 10 2016). *Industrie 4.0 - Große Chance für die Arbeit.* Abgerufen am 28. 10 2016 von http://autogramm.volkswagen.de/11_14/aktuell/aktuell_04.html

BEI GRIN MACHT SICH IHR WISSEN BEZAHLT

- Wir veröffentlichen Ihre Hausarbeit,
  Bachelor- und Masterarbeit

- Ihr eigenes eBook und Buch -
  weltweit in allen wichtigen Shops

- Verdienen Sie an jedem Verkauf

**Jetzt bei www.GRIN.com hochladen
und kostenlos publizieren**